AF276481

JOSÉ ANTONIO PAGOLA

PASTORAL  RENOVADA

UNA ORACIÓN NUEVA PARA UNA NUEVA EVANGELIZACIÓN

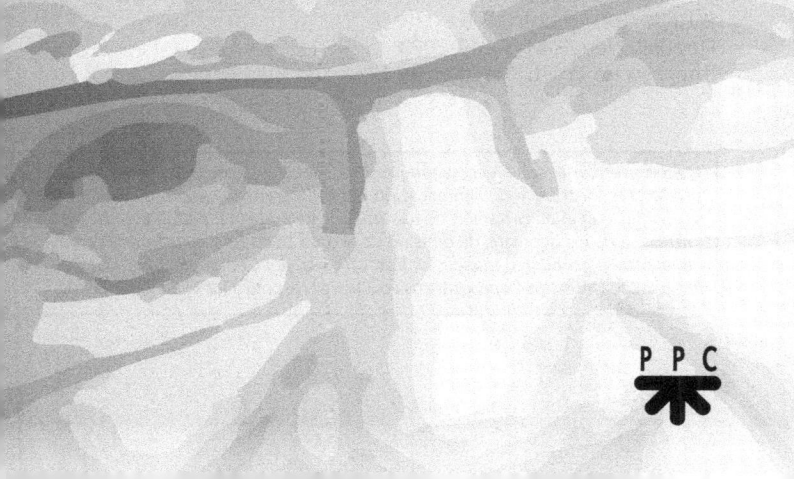

PPC

© 2024, José Antonio Pagola
© 2024, PPC, Editorial y Distribuidora, SA
  Impresores, 2
  Parque Empresarial Prado del Espino
  28660 Boadilla del Monte (Madrid)
  ppcedit@ppc-editorial.com
  www.ppc-editorial.com

ISBN 978-84-288-4198-6
Depósito legal: M-16917-2023
Impreso en la UE / *Printed in EU*

1
Una nueva oración para una nueva evangelización[1]

Voy a comenzar formulando una pregunta sencilla pero fundamental: ¿Qué tiene que producirse en la Iglesia de hoy para que pueda comunicar al Dios de Jesucristo como Buena Noticia para el hombre contemporáneo? ¿Qué ha de suceder en las comunidades cristianas para que se pueda desencadenar una "nueva evangelización", es decir, la comunicación viva del Evangelio como algo nuevo y bueno?

Estas son las preguntas que subyacen en el trasfondo de mi reflexión que tiene cuatro partes:

- En un primer momento, tomaremos conciencia de un hecho básico. No hay evangelización si no hay experiencia del Espíritu. No habrá nueva evangelización si no arranca de una nueva experiencia pascual.

---

[1] Conferencia pronunciada en el XI Encuentro de Pastoral orante de Burgos (26-jul-1995).

- En un segundo momento, reflexionaremos sobre la llamada a la tarea evangelizadora. No hay evangelización si no hay evangelizadores. No habrá nueva evangelización si no se escucha de manera nueva y vigorosa la llamada a evangelizar y si no crece la espiritualidad apostólica de los creyentes. La nueva evangelización trata de hacer presente el Evangelio en medio de una sociedad que se va alejando de Dios, pero que necesita descubrir su verdadero rostro.
- En la tercera parte, expondré cómo la nueva evangelización solo la harán posible aquellos que vivan hoy una nueva experiencia de Dios, Amigo y Salvador del hombre.
- Por último, ofreceré algunas pistas para cuidar y desarrollar una oración capaz de suscitar y alimentar la nueva evangelización.

1. La acogida del Espíritu, fuente de nueva evangelización

No hay evangelización si no hay Pentecostés. La nueva evangelización solo nacerá de una nueva experiencia del Espíritu.

La experiencia pascual, desencadenante de la evangelización

Los relatos pascuales nos ofrecen un dato básico y central. Los encuentros con el Resucitado terminan invariablemente en una llamada a la evangelización.

> "Como el Padre me envió, también yo os envío." (Jn 20,21)
>
> "Vosotros sois testigos de estas cosas." (Lc 24,48)
>
> "Id y haced discípulos a todas las gentes." (Mt 28,19)
>
> "Id por todo el mundo y proclamad la Buena Nueva a toda la creación." (Mc 16,15)

El encuentro con Cristo resucitado no se puede callar, hace surgir el anuncio, provoca la evangelización. Esta evangelización no es, en definitiva, sino la comunicación de la experiencia pascual. La exigencia de evangelizar solo irrumpe entre los discípulos cuando han vivido la experiencia gozosa de la salvación que Dios realiza en Jesucristo. Sin esta experiencia fundante no hay evangelización.

Esto es de enorme importancia para entender y enraizar bien la nueva evangelización. "Evangelizar" es actualizar o reproducir hoy esa experiencia salvadora, transformadora, esperanzadora, que comenzó con y en Jesucristo. Dicho de otro modo, "evangelizar" es hacer presente hoy en la vida de las personas, en la historia de los pueblos, en el tejido de la convivencia social, en los conflictos, los gozos, las penas y trabajos del hombre actual, esa fuerza salvadora que se encierra en la persona y el acontecimiento de Jesucristo.

Por eso, la acción evangelizadora hacia otros arranca siempre de la experiencia personal de la salvación de Jesucristo vivida por los mismos creyentes en el seno de la comunidad cristiana. Para san Pablo, el Evangelio es "fuerza de Dios para la salvación de todo el que cree" (Rom 1,16). Así se produce siempre la verdadera evangelización: como una penetración de la fuerza salvadora de Dios en la historia de los hombres, a través de unos creyentes que han hecho o, mejor, están haciendo en su propia vida esa experiencia salvadora.

Este es el dato que no se debe olvidar. La evangelización es siempre expansión, irradiación, comunicación de la experiencia de salvación que vive el creyente o, mejor, la comunidad de creyentes. Sin nueva experiencia pascual no hay nueva evangelización. Por muchos cambios y mejoras que se introduzcan en el trabajo, las estructuras o la organización pastoral, la Iglesia no tendrá más fuerza evangelizadora si en su interior no hay una experiencia más viva de la salvación que Dios nos ofrece en Jesucristo.

El vacío de una evangelización sin Espíritu

La Iglesia nace, vive, crece y evangeliza animada por el Espíritu. Él es el "dador de vida", el principio vital que impulsa la acción evangelizadora. Por eso, el mayor error que puede cometer la Iglesia de hoy, al impulsar la nueva evangelización, es pretender sustituir con la organización, el trabajo, la estrategia o la planificación lo que solo puede nacer de la fuerza del Espíritu.

El olvido del Espíritu trae siempre graves consecuencias para la evangelización. Sin el Espíritu, Cristo se queda en un personaje del pasado, el Evangelio es letra muerta, la Iglesia pura organización. Sin el Espíritu, el trabajo pastoral se convierte fácilmente en actividad profesional, la evangelización en propaganda religiosa, la acción caritativa en servicio social.

Sin el Espíritu, las puertas de la Iglesia se cierran, la liturgia se congela, los carismas se extinguen, la esperanza es reemplazada por el instinto de conservación, la audacia para la misión desaparece.

Sin el Espíritu, se produce un divorcio entre teología y espiritualidad, la catequesis se hace adoctrinamiento, la vida de la Iglesia se apaga en la mediocridad, incapaz de irradiar y comunicar la Buena Noticia de Dios al mundo actual.[2]

Hacia una evangelización animada por el Espíritu

Tal vez, el problema más decisivo a la hora de impulsar la nueva evangelización es ver cómo queremos sembrar y de dónde esperamos el fruto correspondiente, si de la carne o del Espíritu (*cf.* Gal 6,8). Nuestra primera tarea hoy es "hacer sitio" al Espíritu dentro de la Iglesia y de

---

[2] J. A. PAGOLA, *Fidelidad al Espíritu en situación de conflicto*, Sal Terrae, Santander 1995, 15-17.

las comunidades cristianas. Acoger al Espíritu en lo hondo de nuestros corazones y en el interior de la actividad pastoral y evangelizadora. Esta acogida del Espíritu es don y es lucha que hemos de vivir en oración y vigilancia según la invitación de Jesús: "Vigilad y orad… porque el Espíritu está pronto, pero la carne es débil" (Mc 14,38).

Esta experiencia del Espíritu en una Iglesia que desea impulsar una nueva evangelización no se puede planificar ni programar. Pero sí se puede suscitar la invocación, despertar la atención a lo interior, sugerir caminos de apertura al Espíritu, cuidar más la oración apostólica propia del evangelizador, impregnar y animar nuestro trabajo de alabanza y adoración.

En cualquier caso, yo veo a la Iglesia de hoy necesitada de esa experiencia fundante que hizo posible la primera evangelización. La veo necesitada de un "nuevo Pentecostés", que no se producirá sin una nueva experiencia de la oración del cenáculo:

"Todos ellos perseveraban en la oración con un mismo espíritu, en compañía de algunas mujeres, de María, la madre de Jesús, y de sus hermanos." (Hch 1,14)

Pretender impulsar la nueva evangelización sin esta experiencia de oración y de Espíritu es privarla desde el comienzo de su verdadera eficacia y contenido.

2. Convocados a una nueva evangelización

El Evangelio no es una realidad que flota en el vacío. El Evangelio es siempre "acontecimiento histórico". Nunca, en ninguna parte, existe en sí mismo y por sí mismo. El Evangelio se encarna y existe en personas concretas que lo anuncian y comunican y en personas concretas que lo acogen y lo viven.[3] Por eso, no existe evangelización sin evangelizadores. Y no acontecerá una evangelización nueva si no hay evangelizadores nuevos.

El problema vocacional del que tanto se habla hoy en la Iglesia occidental no consiste, sobre todo, en la escasez del número de sacerdotes y religiosos, sino en la ausencia de la experiencia

---

[3] G. Eichholz, *El evangelio de Pablo. Esbozo de la teología paulina*, Sígueme, Salamanca 1977, 50.

de vocación. No se escucha la llamada del Resucitado a evangelizar. Son muchas las parroquias, las comunidades y grupos cristianos que viven su fe sin sentirse llamados a comunicarla. Son muchos los cristianos, incluso practicantes convencidos, que viven sin sospechar siquiera que ellos puedan tener alguna responsabilidad de anunciar y comunicar algo a los demás.

El Vaticano II afirmaba, sin embargo, que "la Iglesia entera es misionera y la obra de la evangelización es un deber fundamental del Pueblo de Dios" (*AG* 35). Despertar esta conciencia de que todo el Pueblo de Dios es portador activo de la evangelización y de que todos estamos llamados a evangelizar, representaría hoy entre nosotros una novedad de gran alcance. Si queremos echar las bases de una nueva evangelización es necesario despertar la vocación misionera y el potencial evangelizador de los creyentes, las familias, los grupos cristianos, las comunidades y las parroquias.

La llamada a la evangelización

La llamada a la evangelización no se despierta sin más en el trabajo, en medio de la agitación y la actividad nerviosa. No nace automáticamente de la lectura de los objetivos y programas pastorales. La llamada a la misión solo se capta en un clima de atención, apertura y escucha a Aquel que nos está llamando. De ahí la importancia de la oración para la misión evangelizadora.

No cualquier oración. Una oración hecha de silencio y de escucha a ese Dios que, en Cristo, ama a todos los hombres y quiere que "todos lleguen al conocimiento de la verdad". Para que surjan hoy nuevos evangelizadores no basta una oración que nos lleve a ahondar en las exigencias y el contenido de la nueva evangelización. Es necesario escuchar la llamada. Es necesario el encuentro con el que nos llama. Solo en el encuentro amoroso y silencioso se escucha la llamada a la misión, algo se conmueve dentro de nosotros, se despierta la seducción por la tarea evangelizadora, todo nuestro ser se siente llamado a proseguir hoy la acción salvadora, sanadora y esperanzadora del mismo Cristo.

Por otra parte, la vocación siempre es personal. La ha de escuchar cada creyente. Hay siempre una llamada dirigida a mí, a la que nadie puede responder en mi nombre. Esta respuesta insustituible la he de dar yo. Por eso, la verdadera vocación a la evangelización solo puede nacer de este encuentro personal.

San Juan destaca bien esta dimensión vocacional en la experiencia pascual de María Magdalena. María reconoce al Resucitado en el momento en que se siente llamada por su propio nombre: "María". Solo entonces podrá escuchar personalmente su misión:

"«Vete donde los hermanos y diles...» Fue María Magdalena y dijo a los discípulos: «He visto al Señor»." (Jn 20,16-18)

Nuestra Iglesia está necesitada de esta oración en la que los creyentes se sientan llamados por su propio nombre a la tarea evangelizadora.

Espiritualidad apostólica

No basta escuchar la llamada. La nueva evangelización está pidiendo el desarrollo de una espiritualidad apostólica: aprender a vivir como enviados de Jesucristo, entender y vivir la existencia cristiana como servicio a la evangelización, sentirse destinados a la difusión y crecimiento del Reino de Dios.

Esta espiritualidad apostólica nace y se alimenta en la oración, pues la espiritualidad del apóstol o enviado consiste en vivir desde Otro para otros, vivir desde Cristo para los hermanos. San Pablo dice que ha recibido de Jesucristo "la gracia y el apostolado" (Rom 1,5). Solo en la experiencia del encuentro con Cristo se desarrolla la personalidad apostólica y el creyente se sabe "escogido para el Evangelio de Dios" (Rom 1,1).

Con frecuencia, el apostolado se suele considerar como algo añadido al ser cristiano. Una acción, un deber, una consecuencia que algunos extraen de su vivencia de la fe. La nueva evangelización no tendrá fuerza si en nuestras comunidades no se capta que "todo cristiano, por el hecho de serlo, participa de la condición de enviado propia de Jesucristo y es, por tanto, por el solo hecho de ser cristiano, enviado, apóstol, evangelizador"[4].

Como recordaba D. Bonhöffer, Jesús dice: "Vosotros sois la sal de la tierra"; no dice "debéis ser la sal" o "vosotros tenéis la sal". Jesús dice

---

[4] J. Martín Velasco, *Increencia y evangelización. Del diálogo al testimonio,* Sal Terrae, Santander 1988, 124.

"sois la luz del mundo"; no dice "debéis ser la luz" o "vosotros tenéis la luz". Es la fe misma la que, vivida hasta el fondo, se convierte en Evangelio, anuncio, testimonio, irradiación del Reino de Dios.[5]

La nueva evangelización no será posible sin el desarrollo de la personalidad apostólica de los cristianos, y esto exige una oración que ayude a pasar de una vivencia de la fe centrada en uno mismo a una existencia cristiana volcada hacia los demás. Una oración en la que el creyente se sienta arrastrado por la corriente del amor de Dios a los hombres. Una oración en la que se vea remitido y enviado a los hombres como destinatarios de la ternura del Padre. Una oración donde la adhesión a Cristo, Enviado de Dios a los hombres, nos vaya configurando como apóstoles.

Esta "oración apostólica" es absolutamente necesaria para que en nuestras comunidades cristianas se pase de una fe vivida como en secreto y a escondidas a una fe confesante, de una fe vivida de forma privada a una fe expresada

---

[5] D. BONHÖFFER, *El precio de la gracia*, Sígueme, Salamanca 1968, 116-117.

y anunciada, de una fe vivida como de incógnito a una fe testimoniada y encarnada en el mundo, una fe que desarrolla su fuerza salvadora en medio de la sociedad.[6]

3. Una nueva experiencia de Dios como Buena Noticia

"Evangelizar" en su sentido más original, quiere decir literalmente "anunciar una Buena Noticia", y, en su contenido cristiano, significa anunciar, comunicar, hacer creíble la Buena Noticia de Dios. Por eso, al hablar de "nueva evangelización", no podemos eludir una pregunta clave: ¿Puede el Misterio de Dios llegar a ser Buena Noticia en nuestra sociedad, algo realmente nuevo y bueno para los hombres y mujeres de hoy? ¿Qué tiene que suceder para que la Iglesia y los creyentes puedan introducir "euaggelion", Buena Noticia de Dios en esta sociedad?

No es una pregunta más. Es probablemente la pregunta clave para imprimir la dirección correcta a la evangelización en el momento

---

[6] J. MARTÍN VELASCO, o. c., 131-142.

actual. Es necesario, sin duda, preguntarnos cómo ha de ser la nueva evangelización, "nueva en su ardor, nueva en sus métodos y nueva en su expresión", según las palabras de Juan Pablo II.[7] Pero, antes, habremos de preguntarnos cómo va a ser en verdad "evangelización", es decir, noticia nueva y buena de Dios. ¿Cómo actualizar hoy a ese Jesús que "proclamaba la Buena Noticia de Dios"? (Mc 1,14).

En medio de una sociedad que se aleja de Dios

La nueva evangelización no tiene como horizonte el mundo pagano, sino una sociedad que "está de vuelta" del cristianismo. La indiferencia religiosa actual es un estado al que muchos han llegado después de tener contacto con la fe cristiana. Para estas personas, el cristianismo no tiene ninguna novedad. Lo cristiano les resulta algo sabido. Un discurso repetitivo y vacío que ya no encuentra eco en sus conciencias.

Por otra parte, muchos no guardan buen recuerdo de su experiencia religiosa. De ser

---

[7] Ver *Ecclesia* 2119 (1983), 413-415.

cierto lo que dicen, el Dios que han conocido no ha sido para ellos gracia liberadora, fuerza y alegría para vivir, fuente de sentido y esperanza. Al contrario, en ellos ha quedado el oscuro recuerdo de un Dios peligroso y amenazador, que no deja ser ni disfrutar, alguien que hace la vida del hombre más dura y difícil de lo que ya es por sí misma. Y, naturalmente, van prescindiendo de Él.

Por eso, en el arranque mismo de la nueva evangelización hay preguntas que no hemos de ignorar. Estos hombres y mujeres, aparentemente tan desinteresados por la religión, ¿ya no la necesitan? ¿Qué queda en ellos de esa fe que un día habitó su corazón? ¿Se han cerrado para siempre al Dios de Jesucristo? ¿Cómo acercar a Dios a estas personas que, habiendo oído hablar de Él, hoy le dan la espalda? ¿Cómo hacer creíble a Jesucristo a personas que lo rechazan, después de haber escuchado, de alguna manera, su mensaje?

En el trasfondo de todas estas preguntas subyace un grave interrogante: ¿Hemos perdido los creyentes capacidad para presentar la salvación cristiana como Buena Noticia? ¿Qué es lo que ha sucedido después de veinte siglos de cristianismo? ¿Por qué el anuncio cristiano ya no es una Buena Noticia para muchos? ¿Es problema solo y exclusivamente de la sociedad actual? ¿O es problema también de que "la sal se ha desvirtuado" y de que "la luz ha quedado oculta"?

Hace unos años, E. Schillebeeckx hacia esta grave afirmación:[8]

"La razón primordial de que nuestras Iglesias se vacíen parece residir en que los cristianos estamos perdiendo la capacidad de presentar el Evangelio a los hombres de hoy con una fidelidad creativa, junto con sus aspectos críticos, como una buena nueva (a lo sumo lo hacemos verbalmente: hablando autoritariamente del Evangelio y de la buena nueva que debe aceptarse por respeto a la autoridad del Nuevo Testamento). Y, ¿quién querrá escuchar lo que ya no se presenta como una noticia alentadora, especialmente si se anuncia en tono autoritario invocando el Evangelio?"

---

[8] E. SCHILLEBEECKX, *Jesus, la historia de un viviente*, Cristiandad, Madrid 1981, 103.

Comunicar a Dios como Buena Noticia

Lo primero y decisivo en la nueva evangelización es saber comunicar a Dios como Amigo y Salvador del hombre de hoy. Dios solo será de nuevo Buena Noticia si pueden captar en nuestro anuncio lo que la gente captaba en la predicación de Jesús: que Dios está siempre del lado del hombre frente a todo mal que lo oprime y esclaviza; que solo interviene en nuestra vida para salvar, liberar, potenciar y elevar la vida; que solo busca y exige lo que es bueno para el ser humano.

Todo esto exige revisar y purificar el contenido de nuestro anuncio, la imagen de Dios que sale de nuestros labios, el lenguaje que empleamos, el tono, la fe que ponemos en nuestra palabra, la forma de presentar la moral evangélica, la conversión a Dios, la salvación. ¿Es realmente el Dios revelado en Jesucristo a los pequeños, a los pecadores, a los enfermos el que se deja entrever en nuestra palabra? La nueva evangelización nos ha de recordar que se nos ha confiado "el ministerio de la reconciliación". Así se expresa san Pablo:

"En Cristo estaba Dios reconciliando al mundo consigo, no tomando en cuenta las transgresiones de los hombres, sino poniendo en nuestros labios la palabra de la reconciliación." (2 Cor 5,18-19)

Pero, naturalmente, no basta revisar y purificar la imagen de Dios que transmitimos con los labios. Jesús no solo anuncia a un Dios bueno para el hombre, él mismo es bueno. No solo habla de un Dios perdonador, él mismo acoge, comprende, perdona, libera de la culpa y la confusión. No solo predica a un Dios Salvador, él mismo sana, reconstruye a las personas, crea fraternidad, da fuerzas para vivir y esperanza para morir. Jesús, él mismo, era Buena Noticia, Evangelio de Dios, "parábola viviente" de un Dios bueno.

Por eso, no basta una predicación más "correcta" sobre Dios. Es necesario que los que hablan de Dios sean buenos. Así de sencillo. La nueva evangelización la impulsarán hombres y mujeres buenos. Creyentes que, por su manera de ser, de actuar y reaccionar, por su compromiso en favor de los débiles y los indefensos, por su solidaridad y cercanía a las víctimas, introduzcan algo bueno de Dios en la vida de los hombres y mujeres. Testigos de la misericordia y la ternura de Dios hacia todo hombre. Solo ellos pueden anunciar a un Dios Amigo. Solo ellos pueden despertar la esperanza.

Nueva experiencia de Dios

No habrá, pues, evangelización nueva si no hay en los que la impulsan una experiencia nueva y gozosa de un Dios Amigo. Son los mismos evangelizadores los que han de experimentar que Dios es bueno, que encontrarse con Él hace bien, que acoger su gracia hace vivir de manera más plena y positiva. No se trata de una convicción teórica, sino de una experiencia vivida.

Si falta esta experiencia, todo se vuelve rutinario y pesado. La evangelización se convierte en una carga que se hace por pura obligación, pero que ha perdido su motivación e inspiración más profundas. Se anuncia a Dios, pero sin gozo ni entusiasmo alguno; se predica a Jesucristo, pero sin la convicción de que se está ofreciendo lo mejor para el hombre; se exhorta a la conversión a Dios, pero no como camino de vida más plena y liberada.

No se puede comunicar la fe como algo bueno y verdadero si no es desde la propia experiencia.

Si esta experiencia falta, no habrá verdadera comunicación de "Evangelio" (euaggelion). La evangelización nace del gozo, del agradecimiento. Solo se anuncia una Buena Noticia a otros cuando uno mismo la ha saboreado. En la raíz de la nueva evangelización es necesaria una oración que permita y favorezca la experiencia de Dios como Buena Noticia.

4. Pedagogía de una oración para la nueva evangelización

Hay que orar. No solo hablar de oración o decir que hay que orar. Hay que hacer oración. Es una ingenuidad afirmar que toda la vida es oración, que el trabajo pastoral es oración, o que la acción evangelizadora es oración. Las cosas son lo que son. Es cierto que el Espíritu puede y debe animar toda nuestra actividad. Es verdad que hay que ser "contemplativos en la acción". Pero no es lícito desdibujar el valor y la originalidad específica de la oración.

Hay que recordar, por una parte, que no hemos de convertir la oración en estrategia para ninguna cosa. La oración es para orar. Lo que hemos de buscar en la oración es el encuentro con Dios, la comunicación y apertura a su Misterio, la acogida de su gracia. Presentir a Dios, acogerlo, invocarlo, estar con Él, gozar de su presencia, alabar su grandeza, cantar su gracia, vibrar con su amor. Para eso es la oración.

Pero, precisamente por ello, la oración es la experiencia clave para despertar, alentar, sanar y purificar nuestra acción evangelizadora. La experiencia decisiva para discernir y animar el anuncio de Dios y la implantación de su Reino.[9]

La experiencia de un Dios bueno

No se trata de aprender cosas sobre Dios, sino de encontrarse con Él, aprenderle a Él: Dios, nuestro gozo y nuestro sumo bien. Saborear a Dios. Vivir la invitación del salmo: "Gustad y ved qué bueno es el Señor" (Sal 34,9).

La fe cristiana es un hecho vital antes que doctrinal, pues brota de la experiencia de habernos encontrado con el Dios vivo revelado y

---

[9] Para las reflexiones que siguen, consultar: J. A. PAGOLA, O. C.; y J. M. Zunzunegui, *Crisis de oración. Oración nueva*, Idatz, San Sebastián 1982.

encarnado en Jesucristo. Por eso, la evangelización no se realiza tanto por la transmisión de una doctrina cuanto por la comunicación de una vida.[10] No podemos transmitir lo que no vivimos. Las palabras se vuelven contra nosotros vacías y envenenadas, cuando no nacen de nuestra propia experiencia. El trabajo pastoral se vacía de contenido y significatividad.

La experiencia de un Dios bueno, vivida en la oración, puede introducir una verdadera novedad en la evangelización. La novedad de unos creyentes capaces de dar testimonio de Dios desde su propia experiencia de fe y desde su vida convertida y transfigurada por el Espíritu. La evangelización cobra otra fuerza cuando, en el trabajo pastoral, hay testigos que pueden narrar su propia experiencia de Dios.

El amor al hombre de hoy

La oración del evangelizador está transida por el amor apasionado de Dios al hombre. La expe-

---

[10] OBISPOS DEL PAÍS VASCO, Carta pastoral *Evangelizar en tiempos de increencia*, Idatz, San Sebastián 1994, 64.

riencia de Dios lleva siempre a la preocupación
por el hombre.

"Es falsa la contemplación cristiana que no se
ocupe de discernir continuamente las huellas del
Amado entre las sendas de los hombres... No hay
ningún contemplativo cristiano que intente gozar
a Dios sin seguirle a través de su compromiso con
el hombre. Habrá otras clases quizá de contemplación, pero la contemplación cristiana siempre
anida en la unidad del único mandato de Jesús:
el amor a Dios y el amor a los hombres."[11]

Dios ama apasionadamente al hombre de hoy.
Lo entiende, lo acoge, lo perdona, busca para él
un futuro siempre mejor, quiere su salvación.
La nueva evangelización no nacerá del desprecio
o del rechazo, del recelo, el miedo o la condena
del hombre moderno, sino desde el amor que
se alimenta en el amor mismo de Dios, "que ha
sido derramado en nuestros corazones por el
Espíritu Santo que nos ha sido dado" (Rom 5,5).
Solo quien ama a los hombres y mujeres de
hoy, con sus problemas y conflictos, con sus

---

[11] A. Álvarez Bolado, "Sacerdocio y modernidad", en *Iglesia
Viva*, 91-92 (1981), 107.

contradicciones y miserias, con sus conquistas y sus fracasos, con sus anhelos y su pecado, está capacitado para evangelizar. Quien no sienta compasión y ternura por las muchedumbres como sentía Jesús (*cf.* Mt 9,36), no evangelizará.

Cercanía a los increyentes

Quien acoge en sí mismo el amor de Dios, mira con simpatía inmensa a todo hombre, también a quienes caminan por la vida con aire indiferente o incrédulo. Son hermanos. Hijos del mismo Padre. También en ellos actúa el Espíritu. Todos caben en el corazón de Dios. La oración del evangelizador debería ser "simpatía mística con las víctimas de la incredulidad"[12].

La nueva evangelización solo nacerá de "una actitud amistosa y dialogante, que solo es posible cuando los creyentes sabemos compartir los problemas e interrogantes del hombre de hoy sin colocarnos secretamente al margen o por encima de los que no creen".[13] El hombre que vive acosado por la indiferencia o minado

---

[12] E. Schillebeeckx, o. c., 28.
[13] Obispos del País Vasco, o. c., n. 62.

por las dudas y la incertidumbre, no podrá escuchar un mensaje de salvación si percibe en los creyentes arrogancia, secreta superioridad o incapacidad para escuchar sus críticas, sus prejuicios o su búsqueda.

La oración nos ha de hacer amigos de los hombres, amigos de quienes no aciertan hoy a creer ni a invocar.

Enviados a los pobres

El Espíritu está en Jesús enviándolo a los pobres. Lo unge para establecer en el mundo el Reino de Dios y su justicia, para expulsar el mal que oprime y deshumaniza. "El Espíritu del Señor está sobre mí, porque me ha ungido. Me ha enviado a dar la Buena Noticia a los pobres" (Lc 4,18).

La oración del evangelizador ha de ser, de alguna manera, "unción del Espíritu" que también hoy nos envía a los pobres e indefensos como los primeros destinatarios de la evangelización. Son las víctimas, los agredidos en sus derechos fundamentales, los maltratados por la vida, los que están pidiendo más que nadie el anuncio y la venida del Reino de Dios y su justicia.

El papa Juan Pablo II lo recordó con claridad: "La nueva evangelización no sería auténtica si no siguiera las huellas de Cristo, que fue enviado a evangelizar a los pobres".[14] Si no hay signos de la Buena Noticia para los pobres, ¿qué es lo que estamos anunciando y comunicando? Si no hay solidaridad, defensa y lucha por los "nuevos pobres", ¿dónde está la novedad de la "nueva evangelización"?

Audacia para evangelizar

No es fácil hoy hacer presente el Evangelio en medio de un mundo muchas veces indiferente e, incluso, hostil. En las primeras comunidades cristianas se habla de una cualidad indispensable en el evangelizador. Es la "parresia", el coraje, la audacia para la tarea evangelizadora. Es uno de los primeros frutos del Espíritu en su Iglesia. Los Hechos de los Apóstoles nos describen la oración de los discípulos cuando se inicia la persecución en Jerusalén:

---

[14] JUAN PABLO II, *Homilía durante la celebración de la Palabra* (7-04-1987), Viedma, Argentina.

"Ahora, Señor, fíjate cómo nos amenazan y da a tus siervos plena valentía para anunciar tu mensaje... Al terminar la oración, retembló el lugar donde estaban reunidos, los llenó a todos el Espíritu Santo y anunciaban con valentía el mensaje de Dios." (Hch 4,29-31)

Esta oración nos es hoy absolutamente necesaria. La audacia para la nueva evangelización solo podrá desencadenarse desde la confianza en la acción del Espíritu. Son bastantes los que perciben hoy la tarea evangelizadora como excesiva y desproporcionada para nuestras fuerzas. Nuestras comunidades envejecen. Nos falta experiencia para evangelizar el mundo moderno. Se extiende la tentación de Moisés: "No me creerán", "no sé hablar", "no escucharán mi voz" (Ex 4).

Es el momento de orar. No se nos pide un esfuerzo por encima de nuestras posibilidades. El Espíritu de Dios está actuando ya, no solo en la Iglesia, también en esa sociedad descreída e indiferente. Está actuando en el corazón de los hombres antes de que nosotros empecemos a organizar nuestra pastoral. Lo que se nos pide es colaborar en la acción salvadora que Dios está llevando a cabo en la historia. Los evangelizadores no son sino "cooperadores de Dios" (1 Cor 3,9). De ahí la necesidad de la oración.

La aceptación de la cruz

La evangelización no se lleva a cabo sin cruz. El Evangelio siempre encuentra resistencia en el mundo y en la misma Iglesia. Por eso, no es extraño que quien participa en la misión de Cristo se encuentre más de una vez con el rechazo, la crítica o el conflicto.

La evangelización no se lleva a cabo mediante la fuerza, el poder o el éxito, sino en la debilidad y la pasión. El apóstol san Pablo hacía alusión a sus persecuciones, tribulaciones, heridas y cicatrices para acreditar su apostolado (*cf.* 2 Cor 6,7). También hoy es así. La cruz es signo de verdadera evangelización. Pocas cosas ayudan más a discernir los caminos del Espíritu que tratar de ver dónde están hoy los mártires, dónde se padece la crucifixión, dónde está la Iglesia llevando la cruz, dónde se produce el rechazo del mundo.

Necesitamos orar para asumir las nuevas cruces de la evangelización hoy, las tensiones, conflictos y sufrimientos que lleva consigo el servicio fiel al Evangelio. Tal vez, deberíamos sorprendernos, no por los conflictos existentes, sino por la falta de conflictividad o por la excesiva armonía entre la Iglesia y una sociedad a la que se considera tan poco cristiana. Solo la cruz y el martirio pueden purificar nuestra acción evangelizadora y sacudirnos a todos de la apatía, las falsas seguridades y las fáciles acomodaciones de derechas o de izquierdas.

La evangelización exige fidelidad al Evangelio incluso cuando es mal recibido. Las incomprensiones, el rechazo, las críticas o la persecución no deben encadenar la Palabra de Dios. Así escribe Pablo desde la cárcel a su compañero de evangelización, Timoteo: "Estoy sufriendo hasta llevar cadenas como un malhechor, pero la Palabra de Dios no está encadenada" (2 Tim 2,9).

Esta libertad para evangelizar asumiendo la cruz es fruto del Espíritu y de la oración. San Pablo se siente fuerte en la debilidad. Es la ley de todo apostolado: "Estoy contento en las debilidades, ultrajes e infortunios, persecuciones y angustias por Cristo; pues cuando soy débil, entonces es cuando soy fuerte" (2 Cor 12,10).

La comunicación de la esperanza

En unos tiempos en los que la pérdida de horizonte, la incertidumbre ante el futuro y el oscurecimiento de metas y referencias están provocando una profunda crisis de esperanza, la nueva evangelización ha de ser, antes que nada, comunicación de la esperanza cristiana.

La Iglesia tiene "la responsabilidad de la esperanza" (J. Moltmann). Su primer quehacer es despertar en el mundo la esperanza de Jesucristo. Antes que "lugar de culto" o "instancia moral", la Iglesia ha de entenderse a sí misma como "comunidad de la esperanza". En ese "apostolado de la esperanza" encuentra ella su verdadera identidad, lo que la convierte en "testigo del Resucitado". Y si la Iglesia, minada ella misma por su pecado, cobardía o mediocridad, no tiene fuerza para generar esperanza en el mundo, en esa misma medida está defraudando su misión, pues "la misión hoy realiza su servicio tan solo si contagia de esperanza a los hombres". [15]

---

[15] J. D. HOEKENDU, *Mission-Neute* (1954), 12. Citado por J. MOLTMANN, *Teología de la esperanza*, Sígueme, Salamanca 1959, 423.

Si la evangelización no comunica esperanza cristiana no es evangelización. Esta esperanza no se basa en cálculos y análisis optimistas de la realidad; no es el optimismo que nace de unas perspectivas halagüeñas; no es tampoco el olvido de los problemas y dificultades. La esperanza cristiana nace del vivir "enraizados y edificados" en Jesucristo (Col 2,6). Como dice san Pablo, lo importante es que el "hombre interior", que vive desde la fe, no se desmorone. "Aunque nuestro exterior se vaya desmoronando, nuestro interior se renueva de día en día" (2 Cor 4,16). La esperanza solo brota del Señor. "Mire cada cuál cómo está construyendo. Pues nadie puede poner otro cimiento que el ya puesto: Jesucristo" (1 Cor 3,10-11). Necesitamos una oración que alimente nuestra esperanza.

La nueva evangelización no es un acto de voluntarismo que de pronto nos moviliza a todos. No es una consigna que nos llega desde fuera. No es un objetivo prioritario que aparece escrito en nuestros programas pastorales. Es mucho más. Es una experiencia que el Espíritu viene preparando en su Iglesia a partir, sobre todo, del Concilio Vaticano II. Es un don y una tarea que hemos de acoger y vivir en oración.

2

La parroquia, comunidad orante[16]

Para la mayoría de los creyentes, la parroquia sigue siendo, con todas sus lagunas y deficiencias, el ámbito eclesial donde viven y alimentan su fe, la comunidad donde se enraíza la experiencia cristiana. Por eso hemos de celebrar con gozo todos los esfuerzos que se vienen realizando por caminar hacia unas parroquias más evangélicas y con mayor fuerza evangelizadora.

Sin embargo, recordemos lo dicho más arriba: la acción evangelizadora arranca siempre de la experiencia personal de la salvación de Jesucristo que se vive en la comunidad creyente; evangeliza la comunidad que ha hecho en su interior la experiencia del Evangelio. Por eso hemos de ser lúcidos. No se trata simplemente de introducir determinados cambios en nuestro

---

[16] Este artículo fue publicado en el Boletín *Amigos de orar* 8 (julio-agosto 1989), 2-13.

trabajo y en la estructura pastoral; nuestras parroquias no tendrán, por ello, más fuerza evangelizadora si en su interior no hay una experiencia más viva de lo que es acoger al Dios que nos salva en Jesucristo.

Si queremos impulsar una nueva evangelización en la sociedad contemporánea, hemos de redescubrir la importancia de la parroquia como comunidad orante y recuperar las posibilidades que ofrece como ámbito eclesial donde puede y debe alimentarse la vida orante de los creyentes y su fuerza evangelizadora.

Por todas partes surgen hoy grupos de oración con métodos y contenidos diversos, "talleres" de oración, experiencias diversas de silencio y contemplación, formas nuevas de expresión religiosa, todo ello signo de la acción del Espíritu entre los creyentes. Pero no hemos de olvidar lo que nos dice P. Jacquemont: "Seguirá siendo verdad que el auténtico resurgimiento de la oración cristiana vendrá por el camino de la renovación de la vida de las comunidades cristianas, ámbito en el que se engendra la vida en el Espíritu".[17]

---

[17] P. JACQUEMONT, *La audacia de orar*, Sal Terrae, Santander 1973, 88.

Mi reflexión tendrá dos partes: antes que nada, nos preguntaremos si nuestras comunidades parroquiales son hoy comunidades orantes; es saludable que veamos los logros y aspectos positivos, pero también que observemos con lucidez las lagunas y deficiencias más notables.

En la segunda parte, sugeriré algunas pistas para promover hoy la parroquia como comunidad orante, es decir, no solo como asamblea litúrgica donde se celebra la fe, sino como comunidad donde los creyentes se congregan para orar en común a su Padre.

1. ¿Son hoy nuestras parroquias comunidades orantes?

La primera pregunta que nos podemos hacer es muy sencilla: ¿En qué medida son hoy nuestras parroquias comunidades orantes?

Sin duda, en nuestras parroquias se ora. Se invoca a Dios, se alaba su grandeza, se celebra el misterio de nuestra salvación en Jesucristo, se pide perdón... Y es mucho lo que a lo largo de estos últimos años se ha ido logrando en bastantes comunidades parroquiales.

En general, la celebración litúrgica se realiza de una manera más digna y cuidada. Ha crecido la comprensión del pueblo y su participación en la acción litúrgica. Se cuida más la dimensión comunitaria de los sacramentos. La eucaristía ha adquirido una importancia más central. Se escucha y se conoce mejor la Palabra de Dios.

Se han hecho esfuerzos notables en la preparación presacramental. En bastantes parroquias se observa una mayor creatividad y una búsqueda de nuevas formas de oración. Se han renovado bastantes iglesias y se ha cuidado más la disposición del altar y el ambón. Van surgiendo comisiones litúrgicas y grupos de oración. Cada vez son más los fieles que toman parte en los diversos servicios del culto... Se puede decir, en general, que las parroquias celebran hoy su fe de manera más viva y consciente.

Sin embargo, podemos señalar deficiencias y lagunas notables que exigen una atención particular. Si las recordamos aquí no es para subrayar los aspectos negativos, sino para ver con mayor lucidez por dónde hemos de caminar para construir una verdadera comunidad orante. Me limitaré solamente a aquello que juzgo de mayor importancia para estimular nuestro quehacer.

Poca valoración de lo contemplativo

Son mayoría las parroquias donde predomina de manera desproporcionada la actividad pastoral e incluso la agitación, la organización del trabajo, las reuniones, la planificación y revisión, con una clara minusvaloración de lo contemplativo. Se busca la eficacia y el rendimiento pastoral inmediato. Siempre queda en segundo plano la adoración, la alabanza, la comunicación gratuita con Dios, la efusión de la oración.

La vida y el trabajo pastoral de muchas parroquias están impregnados de una actitud excesivamente utilitarista y poco contemplativa. Incluso las celebraciones son entendidas y vividas, en sus diferentes formas y manifestaciones, como "plataforma de lanzamiento" para conseguir algo útil. Se ora y se celebra la fe para convencer a los participantes de la necesidad de actuar, comprometerse y transformar el mundo.

Naturalmente, nadie cuestiona que oración y vida, lucha y contemplación, han de ir estrechamente unidas en el creyente. Lo grave es constatar que, con frecuencia, no se valora la oración y la celebración desde dentro, desde su mismo ser, sino que parece que se han de justificar desde fuera y han de estar al servicio de algo útil y rentable pastoralmente.

Celebración litúrgica vacía de interioridad

Precisamente por lo que acabamos de señalar, muchas veces las celebraciones litúrgicas de nuestras parroquias aparecen escoradas hacia el discurso racional y la exteriorización, con un déficit claro de experiencia interior. Se han hecho esfuerzos importantes por devolver a la liturgia su lugar central en la vida de la comunidad cristiana, pero falta muchas veces una interiorización del misterio que se celebra, una personalización interior de la Palabra y de la acción salvadora.

Sigue pesando todavía en muchos la idea de "observar el precepto" y cumplir una obligación, se observa una tendencia a que la oración de petición lo invada todo, y falta con frecuencia la comunicación gozosa con Dios y la apertura al Misterio.

Los mismos esfuerzos que se hacen para lograr una mayor participación (preparación, moniciones, exhortaciones, etc.) se reducen a veces a promover una comunicacion exterior y horizontal (entre la asamblea y el presidente, los oyentes y el lector, los fieles entre sí), pero no siempre logran una participación más profunda en el misterio que se celebra y una comunicación más viva con Dios. Se canta y se ora con los labios, pero el corazón está ausente.

Descuido de la vida interior de los agentes de pastoral

En muchos casos no se cuida debidamente la vida interior de los hombres y mujeres que colaboran en la marcha de la parroquia.

Bastantes de ellos, desbordados por una actividad excesiva, atrapados en la rueda de compromisos, reuniones y tareas diversas, privados de verdadero alimento para su vida interior, corren el riesgo de irse convirtiendo, poco a poco, en funcionarios, más que en testigos de la fe y evangelizadores.

Sin embargo, el descuidar la oración y la contemplación en el trabajo pastoral no dará nunca más eficacia a la acción evangelizadora de las parroquias, sino que la empobrecerá de raíz.

Poco impulso de la oración no litúrgica

En muchas parroquias han ido desapareciendo en estos años novenarios, triduos, devociones, ejercicios piadosos, etc., que en otro tiempo alimentaron la vida cristiana del pueblo y que, muchas veces, no han sido debidamente sustituidos.

Prácticas piadosas tan arraigadas como el rosario, la bendición del Santísimo o el viacrucis han quedado bastante arrinconadas. Los meses devocionales de tanta tradición como el mes de mayo (María), el de junio (Sagrado Corazón), el de octubre (el Rosario), el de noviembre (difuntos) han dado paso a una mayor valoración del año litúrgico. En bastantes parroquias la oración ha quedado reducida a la celebración litúrgica. A veces parece que todo se resuelve celebrando la misa.

Sin embargo, son cada vez más los creyentes que sienten necesidad de encontrar nuevos espacios y posibilidades de oración y encuentro con Dios. Poco a poco, las parroquias comienzan a promover nuevas experiencias de oración no propiamente litúrgicas y a convocar encuentros.

Sin embargo, es todavía mucho lo que queda por hacer.

Se observa todavía una especie de inhibición y falta de creatividad. Se habla mucho de la importancia y la necesidad de la oración, pero luego es muy poco lo que se hace para indicar caminos nuevos, ofrecer ayudas y promover sugerencias concretas para la oración personal, en grupo, en familia...

La falta de una pedagogía de la oración

Dice H. Caffarel[18:]

"Estoy convencido de que si, después de veinte siglos, al inmenso esfuerzo de predicación, enseñanza y catequesis se hubiese añadido un esfuerzo no menos intenso de iniciación a la oración interior, el rostro del mundo sería diferente. De hecho, ¡cuántos niños han seguido el catecismo y no han aprendido jamás a orar...!".

Sin duda, hemos de valorar debidamente los esfuerzos que se hacen en la catequesis de infan-

---

[18] H. Caffarel, *Cinq soirées sur la prière intérieure*, Feu Nouveau, París 1980, 113.

cia y en la educación de la fe de los jóvenes, pero hemos de decir que, por lo general, es muy poco e insuficiente lo que se hace en las parroquias para enseñar a orar.

Las personas inquietas que buscan caminos de oración y encuentro con Dios se han de dirigir, por lo general, a monasterios, comunidades religiosas o grupos diversos; pero mucha gente sencilla, que nunca dará esos pasos, se encuentra desasistida para aprender a orar de manera más profunda.

La falta de silencio y de clima de oración

La vida moderna, llena de ruidos, agitación, prisas, TV, llamadas de teléfono, desplazamientos constantes..., va poco a poco agotando el psiquismo de las personas, arrebatándoles la capacidad de silencio interior y de profundización.[19] Nunca como ahora han necesitado los creyentes espacios de silencio, calma y sosiego para encontrarse consigo mismos y con Dios.

---

[19] Véanse las oportunas observaciones de J. M. ZUNZUNEGUI, o. c., 26-27.

Poco a poco, las parroquias van descubriendo esta necesidad del hombre moderno, pero no es todavía mucho lo que saben ofrecer. Las celebraciones litúrgicas están invadidas muchas veces por la palabra, los cantos y las prisas. Falta silencio, sosiego, unción. Muchas iglesias permanecen cerradas a lo largo del día sin que los creyentes puedan encontrar una "casa de oración". Otras veces, la misma estructura arquitectónica no es la más adecuada para el recogimiento, la recuperación de la paz interior y el encuentro silencioso con Dios.

Otros aspectos

Sin duda, podríamos tomar nota de otros muchos aspectos más o menos deficientes: la excesiva clericalización de las acciones litúrgicas, las celebraciones configuradas según los gustos del presbítero de turno, el individualismo religioso, el tono poco festivo de algunas celebraciones, los abusos y desviaciones, de carácter sociológico y folclórico, de algunos sacramentos.

Sin embargo, lo dicho puede ser suficiente para estimularnos en nuestra tarea de promover hoy una parroquia que sea cada vez más una comunidad orante. Pero ¿qué podemos hacer?, ¿hacia dónde hemos de dirigir principalmente nuestra atención y nuestros esfuerzos?

2. La parroquia, comunidad orante

Como decíamos en el capítulo anterior, hemos de recuperar antes que nada la parroquia como comunidad litúrgica donde el creyente viva su vida sacramental y celebre la eucaristía dominical. Pero la parroquia no es solo la comunidad donde se celebra la acción litúrgica de la Iglesia, sino la casa donde los hijos de Dios se reúnen para orar a Dios, su Padre.

Esta oración de la comunidad parroquial, no propiamente litúrgica, es de gran importancia y debe impregnar las diversas actividades de la parroquia. Sin ella, fácilmente se cae en el activismo, en la rutina pastoral o en el funcionamiento mecánico.

Por otra parte, cuando los creyentes de la parroquia y de los diferentes grupos se reúnen para orar, están expresando su identidad más profunda de Pueblo de Dios congregado ante su Señor. Dan gracias al Padre por la salvación realizada en Jesucristo. Piden con insistencia la venida del Reino de Dios y celebran su esperanza final en el Señor que vendrá.

Toda la oración que podamos hacer de manera individual, en el seno del hogar o en el pequeño grupo, debería ser como una extensión o una concreción de esa oración que hemos de promover en el interior de la comunidad cristiana. ¿Cómo reavivar la parroquia como comunidad orante?

La parroquia, casa de oración

El verdadero ámbito donde tiene lugar la oración cristiana y la presencia del Espíritu es la misma comunidad de creyentes, y no tanto el lugar físico o edificio donde se reúnen. El nuevo templo de Dios es la comunidad cristiana (1 Pe 2,5; Ef 2,19-22).

Sin embargo, también el lugar donde se reúne la comunidad orante tiene su importancia, y hemos de hacer un mayor esfuerzo para que las iglesias parroquiales sean verdaderas casas de oración. Son muchos los detalles que hay que cuidar.

Por lo general, el espacio de los templos está ordenado en función de la celebración litúrgica (el presbiterio con el altar, el ambón y la presidencia, o la nave como lugar del pueblo), pero no en función de la oración no litúrgica. De ahí la necesidad, sobre todo en iglesias grandes, de organizar y distribuir el espacio de manera más adecuada, o acondicionar alguna capilla, oratorio o lugar apropiado para la oración personal o de grupo más reducido.

Es importante también cuidar la disposición o colocación de las personas, la iluminación, la acústica, las imágenes y los símbolos, la cruz, la Biblia, los asientos...

Hemos de cuidar sobremanera las condiciones ambientales, para que ayuden a entrar en el silencio del corazón y de todo el ser, silencio que permita construir al hombre interior y encontrarse con Dios.[20]

Deberíamos cuidar también la ambientación musical en ciertos momentos. Poner a disposición de los fieles libros, textos, folletos, revistas

---

[20] Véanse las sabias y profundas consideraciones sobre el silencio de las FRATERNIDADES MONÁSTICAS DE JERUSALÉN, *Un camino monástico en la ciudad*, Verbo Divino, Estella 1982, 49-56.

y elementos diversos que les puedan ayudar a orar.

Naturalmente, hay que procurar que el templo esté abierto, al menos, al atardecer, lo cual exigirá muchas veces personas que se hagan presentes a determinadas horas, cuiden el lugar, acojan a la gente... Todo esto es posible cuando en la parroquia hay un grupo dispuesto a promover la dimensión orante de la comunidad parroquial.

Encuentros de oración

La parroquia ha de saber convocar a sus fieles, no solo para la celebración litúrgica, sino también para la oración no sacramental. Hemos de promover experiencias de oración que ayuden a los creyentes a orar en silencio, a escuchar la Palabra de Dios con sosiego, a descubrir nuevos caminos de interiorización y búsqueda de Dios.

Estos encuentros pueden ser muy diversos. Se pueden organizar para agentes de pastoral (catequistas, personal de Cáritas, etc.), o para jóvenes, personas de tercera edad, padres, novios... Pueden tener estructuras diferentes y apoyarse en elementos variados (escucha de la

Palabra de Dios, silencio, oración sálmica, plegaria espontánea, meditación personal, audición de música...).

Estos encuentros de oración, dentro de la variedad y creatividad que los puede caracterizar, no deberían ser vividos al margen de la liturgia, sino que muchas veces deberían inspirarse o ser como una prolongación de lo que se vive en la celebración litúrgica. En este sentido, pueden tener importancia particular los encuentros de oración en tiempos fuertes como el Adviento, la Navidad, Cuaresma, Pascua, Vigilia de Pentecostés...

La animación de estos encuentros de oración no tiene por qué estar en manos de los presbíteros. El ideal sería contar con un grupo de oración que lo promoviera.

Grupos de oración

Son muchos los grupos de oración que el Espíritu va suscitando en la Iglesia y que deberían encontrar acogida en la parroquia.

■ Grupos de personas que se sienten vinculadas, no simplemente por lazos de amistad, edad, sintonía de ideas, etc., sino por la escucha de una misma llamada a la oración.

- Grupos donde se puede ahondar en la oración, subrayando una espiritualidad concreta (carmelitana, franciscana...), la sensibilidad a una determinada corriente de oración (Taizé, carismáticos...), o una particular orientación bíblica, eucarística...
- Grupos donde la relación personal puede ser más cálida y donde la espontaneidad, la creatividad y la comunicación pueden ser mayores.
- Grupos donde los gestos, las palabras y los silencios pueden tener una calidad más familiar y menos solemne.
- Grupos no encerrados en sí mismos, sino abiertos, capaces de invitar y acoger a otras personas sin perder su propia identidad.
- Grupos capaces de crear y animar nuevos grupos.
- Y, naturalmente, grupos con sentido de pertenencia a la comunidad total, que toman parte y animan la oración de toda la comunidad parroquial.

La oración de las Horas

La oración de las Horas ha estado durante mucho tiempo reservada a las comunidades monásticas, a los religiosos y a los clérigos. Poco a poco, comienza a ser también alimento de toda clase de creyentes.

Podemos decir que la Liturgia de las Horas es la oración comunitaria por excelencia, la expresión más típica de la comunidad orante que alaba a Dios, el medio mejor para santificar el tiempo que vamos viviendo.

Esta oración de las Horas debería ser promovida hoy con más decisión en las parroquias. Las razones son varias.

- Por una parte, es una oración que ofrece una estructura litúrgica sobria que puede liberar de tantas prácticas piadosas a veces desviadas.
- Por otra parte, es una oración que permite la creatividad y la adaptación a la vida concreta del grupo orante.
- Es, además, una oración que nos educa en la actitud de alabanza, adoración y meditación gozosa de las obras de Dios. Para mu-

chos creyentes puede ser fuente de espiritualidad y alimento de su fe y de su entrega evangelizadora.

Algunas parroquias han comenzado ya a establecer la oración de Laudes y Vísperas, al menos en los tiempos fuertes o en la víspera de las fiestas más importantes. Naturalmente, si no queremos caer en la rutina, es necesario que algunas personas se responsabilicen de la preparación, la debida explicación de los salmos, la creatividad, la recitación adecuada, los cantos, etc.[21]

El culto a la eucaristía

La reflexión teológica actual nos ha ayudado a situar más correctamente el culto a la eucaristía fuera de la misa.[22]

Antes que nada, la reserva eucarística en el sagrario es un memorial, es decir, testimonio permanente que nos recuerda la eucaristía que

---

[21] Véase la revista *Orar*, n. 39, dedicado a "La oración de las Horas".

[22] *Cf.* A. OLIVAR, "El desarrollo del culto eucarístico fuera de la misa"; P. TENA, "La adoración eucarística. Teología y espiritualidad", ambos artículos en *Phase*, 5 (1983), 187-208.

ha celebrado anteriormente la comunidad cristiana. Este pan eucarístico es como el eco de aquella celebración, el fruto que se prolonga hasta nosotros. Por esta eucaristía, conservada en las iglesias y oratorios, Cristo se hace presente en medio de nosotros como "Emmanuel", es decir, "Dios con nosotros". Aquí se condensa y se expresa de manera más fuerte la presencia de Cristo en medio de nosotros.

Pero esa presencia sacramental de Cristo no se ha de entender de manera estática, sino como un hecho dinámico, una donación del Padre que nos entrega a su Hijo como Salvador. "Una presencia ofrecida". Por eso, esta presencia eucarística en el sagrario pide una acogida de su acción transformadora, una actitud de adoración y acción de gracias, un deseo de comunión profunda con Cristo, un deseo de que venga para siempre como Señor (*¡Maranathá!*).

Todas las iglesias parroquiales tienen su sagrario y están habitadas por esta presencia eucarística del Señor. Las parroquias deberían hoy ahondar y enriquecer este culto a la eucaristía, promoviendo la visita al sagrario, la adoración de la eucaristía, la bendición del Santísimo, desde la actual reflexión teológica y las nuevas orientaciones del Ritual, que invita a alimentar la oración ante el Santísimo Sacramento con cantos, oraciones, lectura de la Palabra de Dios, breves exhortaciones y momentos oportunos de silencio.[23]

La religiosidad popular

El pueblo ha desarrollado, por su parte, toda una religiosidad popular que, con frecuencia, encierra desviaciones y deficiencias notables, pero que contiene, sin duda, valores y experiencias que han alimentado su fe.

No podemos ignorar esta religiosidad popular ni, mucho menos, menospreciarla. Hemos de hacer de la liturgia una celebración cada día más viva, participada y enraizada en el pueblo; y, por otra parte, revisar, purificar y cuidar los valores que la religiosidad popular encierra, vinculándola más con la vida litúrgica de la Iglesia.

Los principales criterios que tener en cuenta son:

---

[23] Cf. *Ritual de la Sagrada Comunión y del culto a la Eucaristía fuera de la Misa*, Coeditores litúrgicos, Madrid 1974, 95.

- No promover lo que responde a esquemas socioculturales del pasado.
- Sustituir los aspectos caducos inyectando un contenido más actual.
- Incorporar una concepción antropológica y teológica más sana.
- Valorar la experiencia intuitiva, simbólica, festiva, vivencial que, con frecuencia, esa religiosidad encierra.
- Suprimir los elementos de carácter mágico o supersticioso.
- Desarrollar los valores evangélicos.

En este sentido, deberíamos revisar devociones populares y ejercicios piadosos que todavía tienen eco en sectores del pueblo:

- La religiosidad nacida de la devoción a María y el culto a los santos (novenas, triduos).
- La práctica de los "meses devocionales" de mayo, junio, octubre, noviembre, dedicados respectivamente a María, Sagrado Corazón, rosario y difuntos.
- La religiosidad en torno a santuarios, ermitas y lugares de culto (romerías, peregrinaciones, procesiones, etc.).

Enseñar a orar

Algún pastoralista ha dicho que "el problema pastoral más urgente de nuestro tiempo es cómo enseñar a orar a nuestro pueblo".[24] Es cierto que, si el corazón no se abre a Dios, ninguna pedagogía nos podrá enseñar a orar; pero también es verdad que el creyente necesita unas directrices, una orientación y unos apoyos externos que le ayuden a caminar al encuentro con Dios.

En una parroquia es necesario cuidar, antes que nada, la educación litúrgica. Los creyentes no pueden participar de manera consciente y profunda si desconocen el sentido de la liturgia, la estructura de la eucaristía y los sacramentos, el significado de los gestos...

Esta labor pedagógica ha de ser constante, para que la celebración no decaiga, sino que se viva cada vez con más hondura. Por otra parte, no ha de quedarse en lo puramente exterior. Se trata de educar en el sentido de Dios y de lo sagrado; introducir en el espíritu de la celebra-

---

[24] E. W. TRUEMAN-DICKEN, *El crisol del amor*, Herder, Barcelona 1967, 10.

ción litúrgica; enseñar a participar de manera viva en la oración comunitaria, crear sentido de Iglesia.

Junto a esta formación litúrgica, las parroquias deberían esforzarse por promover una pedagogía oracional que ayude a los creyentes a desarrollar sus propias posibilidades de vida interior y oración.

Hemos de actuar con mucho realismo. Antes que nada, hemos de valorar esa oración aparentemente pobre de muchas gentes: la oración que se expresa en fórmulas mil veces repetidas; oración llena de distracciones, sin gran hondura de concentración; oración deslucida de los que se conocen poco y mal a sí mismos; oración de los que solo tienen una cultura rudimentaria; oración de los que no conocen técnicas de relajación o interiorización; oración no ilustrada ni erudita ni sublime; oración de la mayoría, de los pobres, los simples, los que no se sienten buenos; oración que despierta la ternura de Dios y es escuchada siempre por su corazón de Padre.

No se trata de menospreciar esta oración. Al contrario, precisamente cuando se valora esta oración sencilla de las gentes es cuando se descubre que muchas de estas personas de corazón limpio se abrirían a Dios de una manera más honda y profunda si tuvieran a alguien que les enseñara a hacerlo.

Hoy nos faltan, desgraciadamente, maestros de oración que puedan acompañar espiritualmente a las personas en sus dudas, tanteos o falsos entusiasmos. Pero sí puede haber en nuestras parroquias el grupo de oración, la pequeña comunidad orante, que puede ser hoy, para muchos, verdadera escuela de oración.

Un grupo que cree clima de oración, que haga nacer el deseo de Dios, que ofrezca sugerencias y directrices, que estimule y sostenga la oración personal, que enseñe a escuchar la Palabra de Dios y a crear silencio interior, que prepare los espíritus para la celebración litúrgica.

Recordemos la exhortación de san Pablo a la comunidad de Tesalónica, exhortación que debería ser hoy escuchada en nuestras parroquias y comunidades cristianas:

"Estad siempre alegres. Orad constantemente. En todo dad gracias, pues esto es lo que Dios, en Cristo Jesus, quiere de vosotros." (1 Tes 5,16-17)

Índice